元気はつらつセラピー

文: リンダ・アリソン＝ルイス

絵: R・W・アリー

訳: 目黒 摩天雄

サンパウロ

written by Linda Allison-Lewis
illustrated by R. W. Alley
Originally published in the U. S. A.
under the title

Keeping~up~your~
spirits Therapy

まえがき

　病気や悲しみやその他の逆境にあって苦悩しているときも，あるいは忙しい生活に負けじと頑張っているときにも，私たちはだれでも，時折，元気を奮い起こす必要があります。しばしば自分の持っている内面の力に目を留め，困難に立ち向かうことによって，自分の力を現し，より幸せを感じるものです。

　本書『元気はつらつセラピー』は，自分の真の能力に気づき，自分を養い，問題を乗り越える方法を示しています。

　本書の 35 の洞察と楽しいイラストによって読者の皆さんが，自分の力を引き出し，神がたえず共におられることを感じ，おだやかな気持ちを体験し，自分を大切にし，困難にあっては癒やしを得る一助となりますように。思いもよらないところに隠れている恵みを見いだすことができますように。

1.

良い心がけでいましょう。
良い心がけは
お皿に山盛りの野菜よりも
ずっと健康に良いのです。

Have a good attitude.
It's healthier than a plate full of carrots.

2.

ユーモアのセンスを磨きましょう。
笑いの種は
思いもよらないところに
隠れているものです。

Cultivate your sense of humor.
Laughter hides in strange places.

3.

自分ができることの
一覧表を作りましょう。
自分自身のすばらしさに
驚きの目をみはることでしょう。

Make a list of your talents.
You'll be amazed at yourself.

4.

大切な友人のことを思い浮かべましょう。
ありのままのあなたを
大切に思ってくれている人がいるのです。

Think of a special friend.
There's someone who loves you because
you're you.

5.

ものごとを簡素にしましょう。
楽しむ時間が
もっとたくさんできます。

Keep things simple.
You'll have more time for fun.

6.

腹が立つ人がいれば，ゆるしましょう。
自分の心が
羽のように軽くなります。

Forgive someone you're angry at.
You'll feel light as a feather.

7.

失敗をしたら
その場ですぐに自分をゆるしましょう。
神は，その場ですぐに
ゆるしてくださっています！

Forgive yourself in an instant.
God does!

8.

いま手中にあるものを
最良のものに磨き上げましょう。
その価値の大きさに
目をみはることでしょう。

Make the best of what you have.
You'll be amazed at its value.

9.

問題をチャンスだと考えましょう。
問題をくよくよ思い悩まないで
解決を見いだすことに
取りかかりましょう。

See problems as opportunities.
Don't dwell on them.
Work on finding solutions.

10.

不安があれば
その代わりに信頼をもちましょう。
その後は，不安を忘れましょう。

Replace your fears with faith.
And then let go.

11.

諦めることはありません。
砕けたかけらを
すっかり神に差し出せば
心の傷みを
治していただけます。

Don't despair.
A broken heart can mend if you give God
all the pieces.

12.

悲しみから
急いで抜け出ようとしてはなりません。
悲しみの時は
今まで眠っていた力を引き出す
良い機会となり得ます。

Don't run from the sad times.
They can be opportunities to draw on
strengths that have been sleeping.

13.

思い出を大事にしましょう。
ほほえみをもたらしてくれたことを
思い起こしましょう。

Cherish your memories.
Recall those that make you smile.

14.

人の良し悪しを
判断しないで暮らしましょう。
受け入れることによって
喜びが生まれます。

Live without making judgments.
Acceptance brings joy.

15.

必要のない自責の念は捨てましょう。
運ぶ必要のない余分な荷物です。

Abandon unnecessary guilt.
It's extra baggage you don't need to carry.

16.

おだやかな心を求めましょう。
おだやかな心は
すべての恵みのうちで
いちばん奥深いものです。

Pursue inner peace.
It's the deepest of all blessings.

17.

今の時を大事にして生きましょう。
過去にしがみついていると
今日のすばらしいものを
取り逃がしてしまいます。

Live in the moment.
If you dwell on the past, you'll miss
what's wonderful today.

18.

今の時を大事にして生きましょう。
先のことばかりを考えていると
今日の日を
のびのびと生きることが
できなくなってしまいます。

Live in the moment.
If you focus on the future, you'll miss the
freedom of today.

19.

自分を信じましょう。
ありえない言葉を聞いても
信用しなくていいのです。

Have faith in yourself.
Refuse to believe in the word impossible.

20.

自分の手に負えないものは
手放すにかぎります。
晴れ晴れした心になれます。

Let loose of what you can't control.
Serenity will be yours.

21.

調子の良くない日には
だれかに聞いてもらいましょう。
分けて背負えば，どんな場合にも
重荷は軽くなります。

*When you're having a bad day, tell
someone.
A shared burden is always lighter.*

郵 便 は が き

１６０−０００４

東京都新宿区若葉
一｜

サンパウ口
宣教推

ご購読ありがとうございます。今後の企画物の参考にさせていただきます。ご記入のうえご投函ください。

（　　　　　）

■ お買い求めいただいた書名。

（　　　　　）

■ 本書をお読みになったご感想。

■お買い求めになった書店名 （　　　　　　　　　　）

■ご注文欄（送料別）　　☆サンパウロ図書目録（要・不要）

書　名	冊数	税抜金額

部
行

六
十
二

ふりがな お名前	ご職業	男・女	歳
ご住所 〒			
Tel.	FAX.		
E-mail			

22.

日の光を浴びましょう。
心も温かくなります。

Bask in the sunshine.
It'll warm your heart.

23.

自分のどの部分も全部受け入れましょう。
神のわざには手抜かりがありません。

Accept each part of yourself.
God did a remarkable job.

24.

新たな課題も喜んで受け入れましょう。
神が課題を与えられるときには
解決の道ももれなくついてきます。

Welcome new challenges.
If God gives you a task, it will come with
directions.

25.

ゆったりと生きましょう。
そうでなければ
見過ごしてしまったことがあっても
分かりません。

Slow down.
There's no telling what you might miss.

26.

自分を卑下してはなりません。
生まれながら値打ちがあるのです。

Don't tear yourself down.
You have innate worth.

27.

決して人と比べてはなりません。
あなたはとても入念にできているのです。

Never compare yourself to another.
You were formed with great precision.

28.

条件をつけないで人を受け入れましょう。
それこそ，まさに愛情にはなくてはならない
ことなのです。

Accept others without conditions.
It's the very essence of love.

29.

何もかもが裏目に出るときに
必要なことは
手を休めることです
──でも，諦めてはなりません。

*When everything is upside down, rest if
you must—but don't quit.*

30.

苦しみは真の価値を見いだす道と
考えましょう。
知らず知らずのうちに
あなたは，成長しているのです。

Accept suffering as a way of uncovering
true values.
You may not feel it, but you're growing.

31.

祈りましょう。
悩みを祈りに注ぎ込めば
神は黒い雲を打ち払ってくださいます。

Pray.
God lifts the dark clouds when you pour
out your troubles.

32.

信頼して一日を始めましょう。
どんなことでも
必要なことを実行する力は
必ず与えられます。

Start your day with faith.
God will give you the strength to do
whatever is necessary.

33.

自分なりの
小さな目標を立てましょう。
達成したときの
気分は爽快です。

Set a small goal for yourself.
Accomplishments feel good.

34.

今日，愛情を注ぎましょう。
それが自分に返ってくるときは
うれしいものです。

Offer someone love today.
You'll be pleased when it returns to you.

35.

生涯の一日一日が
贈り物であることを悟りましょう。
今日はもう,「造り主」に
感謝しましたか。

Know that each day of your life is a gift.
Have you thanked your Creator today?

文

リンダ・アリソン＝ルイス（Linda Allison-Lewis）

家庭問題や節制について十代の若者に人気のある講演をしている。彼女はまた，「ケンタッキー・リヴィング」誌に食べ物についてコラムを書いている。3 人の子どもがあり，ケンタッキー州のルイスヴィルの自宅で執筆している。

イラスト

R・W・アリー（R. W. Alley）

アビー・プレスのエルフ・ヘルプ・ブックスのイラストを描いている。ほかにも，子どもの本やイラスト多数。子どもエルフ・ヘルプ・ブックスの『たいくつな日を楽しくする』もその 1 冊。その幅広い作品の数々は，次のサイトで見られる。www.rwalley.com

翻　訳

目黒　摩天雄（めぐろ　まてお）

上智大学で哲学と神学を学び，大阪市立大学で仏文学を研究。大学・短期大学などで講師を務めたのち，聖ベネディクト女子学園（現海星学院）高等学校（室蘭市）校長，賢明学院小学校（堺市）校長，淳心学院聖テレジアこども園（倉吉市）園長を歴任。横浜市戸塚区在住。

元気はつらつセラピー

文——リンダ・アリソン＝ルイス

イラスト——R・W・アリー

翻 訳——目黒 摩天雄

発行所——サンパウロ

〒160-0011 東京都新宿区若葉 1-16-12
宣 教 推 進 部 (03) 3359-0451
宣教企画編集部 (03) 3357-6498

印刷所——日本ハイコム ㈱

2022 年 8 月 26 日 初版発行

エルフ・ヘルプ ブックス

ほのぼのとした妖精エルフが導く世界。
そこには，自分をいたわり養うためのヒントがつまっています。
ポケットに入る小さな本ですが，
大きな癒やしをもたらしてくれるでしょう！

- 今日は今日だけセラピー
- 苦しみを意味あるものにするセラピー
- 結婚生活セラピー
- 元気はつらつセラピー
- 健康回復セラピー
- さびしさセラピー
- 自分にやさしくなるセラピー
- ストレスセラピー
- 対立を解決するセラピー
- 定年退職セラピー
- 年を重ねるほど知恵を深めるセラピー
- はい！セラピー
- 命日を迎えるセラピー
- 友情セラピー
- ゆったりと生きるセラピー
- ゆるしセラピー

9784805628225

1920037007003

ISBN978-4-8056-2822-5

C0037　¥700E（日キ販）

定価770円（本体700円+税）

病気や悲しみやその他の苦しみで気持ちが落ち込んでいませんか？　もしそうなら，本書『元気はつらつセラピー』が手ごろな「気分転換器」となって，あなたの気持ちを高め，避けることのできない困難に直面しても，ほほえみを取り戻させてくれるでしょう。

著者リンダ・アリソン＝ルイスの35の見識とR・W・アリーの楽しいエルフのイラストは，思いがけないところに隠れている内面の力と恵みを見いだすように招いています。